vocabulary
phonics

처음
단어

"단어와 문장, 읽기와 쓰기의 통합 vocabulary"

"한글 발음기호 표기된 주제별 phonics"

organization 책의 구성

"단어와 문장, 읽기와 쓰기의 통합 vocabulary"

파닉스 단어 이 책은 영어를 배우는 어린이들을 비롯하여 처음 영어를 접하는 이들이 기본적으로 꼭 알아야 하는 단어를 엄선하여, 단어를 읽고 쓰는 노트 개념에 더하여, 문장을 읽고 활용하며, 원어민 영어에 가깝게 읽을 수 있는 발음을 적은 통합 vocabulary입니다.

단어와 문장 일상생활에서 가장 많이 쓰이며 눈에 보이는 단어들을 그림과 함께 연상하여 볼 수 있게 하였으며, 그 단어에 적절한 문장을 넣어주므로써 단순한 단어만 외우는 것이 아니라, 문장까지 활용할 수 있습니다.

읽기와 쓰기 쓰기 단어 344개와 따로 쓰기 40여 개를 추가하여 총 400여 개에 달하는 단어를 하나하나 따라 쓸 수 있는 노트형식 구성이므로 따로 연습장을 준비하지 않아도 좋습니다.
또한 각 페이지 양 옆에는 단어의 대문자 · 소문자와 한글 뜻을 정리하여, 책을 들고 다니며 페이지만 넘겨도 한눈에 단어가 들어오게 구성하였습니다.

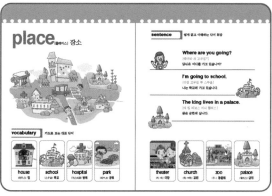

"한글 발음기호 표기된 주제별 phonics"

한글 발음기호 여기에 모든 단어와 문장에는 한글로 발음을 표기하였습니다. 발음기호 표기는 한글 맞춤법에 맞춘 것이 아니라, 실제 미국식 발음에 최대한 가깝게 발음할 수 있도록 표기한 것을 알려드립니다.

주제별 파닉스 우리 생활에서 필요하고 영어를 배우는 필수 단어들이지만, abc순서로 나열하면 찾는데 쉽지 않을 것을 감안하여 주제별로 따로 모으고, 각각 주제에 대표되는 문장도 따로 정리하였습니다. 대신 책의 내용이 끝나는 뒷부분에 인덱스를 abc순서로 정리하여 원하는 단어를 쉽게 찾을 수 있게 하였습니다.

영어는 듣기도 중요하고 말하기도 중요합니다. 또한 더욱 중요한 것은 단어를 많이 알고 있는 것이 영의 원천적인 힘이 됩니다. 영어를 시작하는 모든 여러분께 적지 않은 힘이 될 것입니다.

contents 1

phonics vocabulary 단어

contents ²

vocabulary
phonics 단어

family
[패밀리] 가족

vocabulary
카드로 보는 대표 단어

father
(파-더r) 아버지

mother
(머더r) 어머니

grandfather
(그랜파-더r) 할아버지

grandmother
(그랜머더r) 할머니

Where is your mother?
[웨어리즈 유어 머더ㄹ?]
당신의 어머니는 어디에 계십니까?

My mother is at home.
[마이 머더리즈 앳 홈]
나의 어머니는 집에 계십니다.

My father is a doctor.
[마이 파-더리즈 어 닥터]
나의 아버지는 의사입니다.

brother

(브라더ㄹ) 형제

sister

(시스터ㄹ) 자매

baby

(베이비) 아기

child

(촤일드) 아이

001

아버지
father
FATHER

father

(파-더ㄹ) 아버지

father father father father

father father father

Father has broad shoulders.
(파-더ㄹ 해즈 브롸-ㄷ 쇼울더스) 아버지는 어깨가 넓으시다.

002

어머니
mother
MOTHER

mother

(마더-ㄹ) 어머니

mother mother mother

mother

Mother is in the kitchen.
(마더 리즈 인 더 키췐) 엄마는 부엌에 계시다.

grandfather

(그랜파-더) 할아버지

grandfather   grandfather

grandfather

His grandfather is very healthy.

(히즈 그랜파-더 이즈 베리 헬씨) 그의 할아버지는 매우 건강하다.

003

할아버지
grandfather
GRAND-
FATHER

grandmother

(그랜머더) 할머니

grandmother   grandmother

grandmother

Is your grandmother healthy?

(이즈 유어 그랜머더 헬씨?) 할머님은 건강하시니?

004

할머니
grandmother
GRAND-
MOTHER

남자형제
brother
BROTHER

brother

(브라더ㄹ) 남자형제

brother brother brother

brother

Your **brother** is tall.

(유어 브라더 리즈 톨) 네 형은 키가 크다.

여자형제
sister
SISTER

sister

(시스터) 여자형제

sister sister sister sister

sister

My younger **sister** is cute

(마이 영거 시스터 리즈 큐트) 내 여동생은 귀엽다.

uncle

(엉클) 아저씨

007

uncle uncle uncle uncle

uncle

아저씨
uncle
UNCLE

My **uncle** is bald.

(마이 엉클 이즈 보올드) 나의 삼촌은 대머리이다.

aunt

(앤트) 아주머니, 고모, 숙모

008

aunt aunt aunt aunt

aunt

아주머니
aunt
AUNT

My **aunt** is coming to see us.

(마이 앤티스 커밍 투 씨 어스) 나의 숙모가 우릴 보러 오실 거다.

사촌
cousin
COUSIN

cousin

(커즌) 사촌

cousin   cousin   cousin

cousin

Tom went to his cousin's farm.

(탐 웬 투 히즈 커즌스 팜) 톰은 사촌 농장에 갔었다.

조카
nephew
NEPHEW

nephew

(네퓨-) 조카

nephew   nephew   nephew

nephew

That boy is my **nephew**.

(댓 보이즈 마이 네퓨-) 저 소년은 내 조카이다.

child

(촤일드) 아이

child child child child child

child

The **child** is our future.
(더 촤일 디즈 아워 퓨쳐) 어린이는 우리의 미래이다.

011

아이
child
CHILD

baby

(베이비) 아기

baby baby baby baby baby

baby

He has to take care of the **baby**.
(히 해즈 투 테익 캐어 어브 더 베이비) 그는 아기를 돌봐야 한다.

012

아기
baby
BABY

person [퍼르슨] 사람

vocabulary

카드로 보는 대표 단어

man

(맨) 남자

woman

(워먼) 여자

student

(스튜-던트) 학생

teacher

(티-쳐리) 선생님

What do you do?

[왓 두 유 두?]

당신은 무슨 일을 하십니까?

I'm a student.

[아임 어 스튜-던트]

나는 학생입니다.

She is an English teacher.

[쉬즈 어 잉글리쉬 티-쳐리]

그녀는 영어 선생님입니다.

boy

(보이) 소년

girl

(거얼) 소녀

police

(펄리-스) 경찰

singer

(씽어) 가수

013

남자
man
MAN

man

(맨) 남자

man　man　man　man

man

A **man** is crying.
(어 맨 이즈 크롸잉) 한 남자가 울고 있다.

014

여자
woman
WOMAN

woman

(워먼) 여자

woman　woman　woman

woman

This woman is Bill's mom.
(디스 워먼 이즈 빌즈 맘) 이 여자분은 빌의 엄마예요.

boy
(보이) 소년

boy boy boy boy boy boy

boy

He is a timid **boy**.
(히 이즈 어 티미드 보이) 그는 겁이 많은 소년이다.

girl
(걸) 소녀

girl girl girl girl girl girl

girl

She is a noisy **girl**.
(쉬 이즈 어 노이지 걸) 그녀는 시끄러운 소녀다.

015

소년
boy
BOY

016

소녀
girl
GIRL

017

신사
gentleman
GENTLEMAN

gentleman

(젠틀먼) 신사

gentleman   gentleman

gentleman

He is an apparently gentleman.

(히 이즈 언 어패런틀리 젠틀먼) 그는 보기에 신사인 것 같다.

018

숙녀
lady
LADY

lady

(레이디) 숙녀

lady lady lady lady lady

lady

That **lady** is a famous pianist.

(댓 레이디 이즈 어 페이머스 피애니스트) 저 숙녀는 유명한 피아니스트다.

student

(스튜우던트) 학생

student student student

student

Are you a **student**?
(아 유 어 스튜우던트) 너는 학생이니?

teacher

(티쳐 리) 선생님

teacher teacher teacher

teacher

My father is a **teacher**.
(마이 파더 이즈 어 티쳐 리) 우리 아버지는 선생님이다.

019

학생
student
STUDENT

020

선생님
teacher
TEACHER

대통령
president
PRESIDENT

president
(프레지던트) 대통령

president president president

president

The former **president** was popular.
(더 포-머 프레지던트 워즈 파퓰러) 전 대통령은 인기가 있었다.

예술가
artist
ARTIST

artist
(아르티스트) 예술가, 화가

artist artist artist artist

artist

I want to be an **artist**.
(아이 원 투 언 아르티스트) 나는 화가가 되고 싶다.

doctor

(닥터-ㄹ) 의사

doctor doctor doctor doctor

doctor

My dream is to be a doctor.
(마이 드림 이즈 투 비 어 닥터) 내 꿈은 의사가 되는 것이다.

nurse

(너-ㄹ쓰) 간호사

nurse nurse nurse nurse

nurse

Nurses care for the sick.
(너-ㄹ씨스 캐어 포 더 씩) 간호사들은 환자를 돌본다.

023

의사
doctor
DOCTOR

024

간호사
nurse
NURSE

025

가수
singer
SINGER

singer
(씽어) 가수

singer singer singer singer

singer

We ask a **singer** for a curtain call.
(위 애스커 씽어 포 어 커-튼 콜) 가수에게 앙코르를 요청하다.

026

배우
actor
ACTOR

actor
(액터) 배우

actor actor actor actor

actor

He's an **actor**.
(히즈 언 액터) 그는 배우입니다.

police
(펄리스) 경찰

police police police police

police

Three **police** cars came over.
(쓰리 펄리스 카-스 케임 오우버) 경찰차 세 대가 왔다.

writer
(롸이터) 작가

writer writer writer

writer

She wants to be a **writer.**
(쉬 원츠 투 비어 롸이터) 그녀는 작가가 되기를 원한다.

경찰
police
POLICE

작가
writer
WRITER

친구
friend
FRIEND

friend
(프렌드) 친구

friend friend friend friend

friend

Jinny, Let's be friends.
(지니, 렛츠 비 프렌즈) 지니, 우리 친구하자.

사람
people
PEOPLE

people
(피-플) 사람

people people people people

people

Who are these people?
(후 아 디즈 피플?) 이 사람들은 누구인가요?

magician
(머지션) 마술사

magician magician magicians

magician

I want to be a **magician**.
(아이 원 투 비 어 머지션) 난 마술사가 되고 싶어.

마술사
magician
MAGICIAN

musician
(뮤지션) 음악가

musician musician musician

musician

My favorite **musician** is Chopin.
(마이 페버릿 뮤지션 이즈 쇼팽) 제일 좋아하는 음악가는 쇼팽이다.

음악가
musician
MUSICIAN

033

임금
king
KING

king
(킹) 임금

king king king king king

king

The lion is the king of the jungle.
(더 라이언 이스 더 킹 오브더 정글) 사자는 밀림의 왕입니다.

034

여왕
queen
QUEEN

queen
(퀸) 여왕

queen queen queen queen

queen

The queen is happy.
(더 퀸 이즈 해피) 여왕은 행복하다.

prince
(프린스) 왕자

prince prince prince prince

prince

The **prince** lives in the castle.
(더 프린스 리브스 인 더 캐슬) 왕자는 성에서 산다.

princess
(프린세스) 공주

princess princess princess

princess

The **princess** has brown hair.
(더 프린세스 해즈 브라운헤어) 공주는 갈색머리이다.

035

왕자
prince
PRINCE

036

공주
princess
PRINCESS

place

[플레이스] 장소

vocabulary

카드로 보는 대표 단어

house

(하우스) 집

school

(스쿠울) 학교

hospital

(하스피틀) 병원

park

(파르크) 공원

쉽게 읽고 이해하는 단어 문장

Where are you going?

[웨어라 유 고우잉?]

당신은 어디를 가고 있습니까?

I'm going to school.

[아임 고우잉 투 스쿠울]

나는 학교에 가고 있습니다.

The king lives in a palace.

[더 킹 리브스 이너 펠러스]

왕은 궁전에 삽니다.

theater

(씨-터) 극장

church

(춰-ㄹ취) 교회

zoo

(주-) 동물원

palace

(펠러스) 궁전

집
house
HOUSE

house
(하우스) 집

house house house house

house

This house is mine.
(디스 하우스 이즈 마인) 이 집이 우리 집이다.

학교
school
SCHOOL

school
(스쿠울) 학교

school school school school

school

School begins at 9 a.m.
(스쿠울 비긴스 앳 나인 에이 앰) 학교는 오전 9시에 시작한다.

playground
(플레이그라운드) 운동장

playground playground

playground

He kicks the ball at the **playground**.
(히 킥스 더 버얼 앳 더 플레이그라운드) 그는 운동장에서 공을 찬다.

039

운동장
playground
PLAYGROUND

park
(파-르크) 공원

park park park park park

park

The people are relaxing in the **park**.
(더 피플 아 뤼렉씽 인 더 파-르크) 사람들은 공원에서 쉬고 있다.

040

공원
park
PARK

백화점
**department-
store
DEPARTMENT
STORE**

department store
(디팔먼트 스토어) 백화점

departmentstore departmentstore

departmentstore

The **department store** is in downtown.
(더 디팔먼트 스토어 이진 다운타운) 백화점은 도시에 있다.

병원
**hospital
HOSPITAL**

hospital
(하스피틀) 병원

hospital hospital hospital

hospital

I am going to the **hospital**.
(아임 고잉 투 더 하스피틀) 나는 병원에 가고 있다.

church

(춰-ㄹ취) 교회

church   church   church

church

I went to **church** last Sunday.

(아 웬 투 춰-ㄹ취 라스트 썬데이) 나는 지난 일요일 교회에 갔었다.

043

교회
church
CHURCH

theater

(씨-터) 극장

theater   theater   theater

theater

I sometimes go to the **theater**.

(아이 썸타임스 고우 투 더 씨-터) 나는 가끔 극장에 간다.

044

극장
theater
THEATER

경찰서
**police
station
POLICE
STATION**

police station

(펄리스 스테이션) 경찰서

police station police station

police station

Dial the **police station.**

(다이얼 더 펄리스 스테이션) 경찰서에 전화를 걸어라.

소방서
**fire
department
FIRE
DEPARTMENT**

fire department

(파이어 디파-르트먼트) 소방서

fire department

fire department

Call the **fire department**.

(코-르 더 파이어 디파-르트먼트) 소방서에 전화를 걸어라.

post office

(포스트 어피스) 우체국

post office post office

post office

How can I get to the **post office**?

(하우 캔 아이 겟 투 더 포스트 어피스) 우체국에 어떻게 가면 되나요?

restaurant

(레스터런트) 식당

restaurant restaurant

restaurant

Where is the nearest **restaurant**?

(웨어리즈 더 니어리숫 레스터런트) 가까운 식당이 어디에 있나요?

047

우체국
post office
POST-OFFICE

048

식당
restaurant
RESTAURANT

39

궁전
palace
PALACE

palace

(펠러스) 궁전

palace palace palace palace

palace

The king lives in a **palace**.
(더킹 리브스 이너 펠러스) 왕은 궁전에 산다.

동물원
zoo
ZOO

ZOO

(주-) 동물원

ZOO ZOO ZOO ZOO ZOO ZOO

ZOO

We saw a tiger at the **zoo**.
(위 쏘우 어 타이거 앳더 주-) 우리는 동물원에서 호랑이를 봤다.

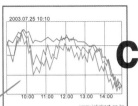

company
(컴퍼니) 회사

company company company

company

My dad works for a computer company.
(마이 대드 웍스 포 어 컴퓨러 컴퍼니) 나의 아빠는 컴퓨터 회사에 나닌다.

051

회사
company
COMPANY

market
(마-르킷) 시장

market   market   market

market

He is shopping at the market.
(히 이즈 샤핑 앳 더 마-르킷) 그는 시장에서 물건을 사고 있다.

052

시장
market
MARKET

41

nature

[내이춰] 자연

vocabulary   카드로 보는 대표 단어

sky

(스카이) 하늘

earth

(어-ㄹ쓰) 땅

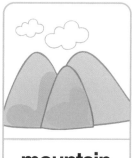

mountain

(마운틴) 산

sea

(씨이) 바다

The sun rises in the east.
[더 썬 라이시스 인 더 이스트]
해는 동쪽에서 뜬다.

The earth is round.
[더 어르스 이즈 라운드]
지구는 둥글다.

We can fly to the moon.
[위 캔 플라이 투 더 무운]
우리는 달까지 날아갈 수 있다.

sun	**moon**	**star**	**tree**
(썬) 태양	(무운) 달	(스타-ㄹ) 별	(트뤼) 나무

053

하늘
sky
SKY

sky
(스카이) 하늘

sky sky sky sky sky sky

sky

There are a lot of stars in the sky.
(데어 라 어 랏 업 스타스 인 더 스카이) 하늘에 별들이 많다.

054

지구
earth
EARTH

earth
(어르스) 지구, 땅

earth earth earth earth

earth

The earth is round.
(디 어르스 이즈 롸운드) 지구는 둥글다.

mountain
(마운틴) 산

mountain mountain mountain

mountain

I often go hiking to the mountains.
(아이 오-픈 고우 하이킹 투 더 마운틴스) 나는 자주 산행을 해.

sea
(씨이) 바다

sea sea sea sea sea sea sea

sea

The ship is sailing out to the sea.
(디스 쉽 이즈 세일링 아웃 투 더 씨-) 배가 바다를 항해하고 있다.

055

산
mountain
MOUNTAIN

056

바다
sea
SEA

057

강
river
RIVER

river

(뤼버) 강

river river river river river

river

This **river** is very deep.

(디스 뤼버 이즈 베리 딥) 이 강은 매우 깊다.

058

골짜기
valley
VALLEY

valley

(벨리) 골짜기, 계곡

valley valley valley valley

valley

The **valley** is surrounded by the mountains.

(더 벨리 이즈 써라운디드 바이 더 마운틴스) 골짜기가 산에 둘러싸여 있다.

lake
(레이크) 호수

lake lake lake lake lake

lake

There is a boat on the **lake**.
(데어 리즈 어 보웃 온 더 레이크)호수 위에 배 한 척이 있다.

island
(아일런드) 섬

island island island island

island

Have you ever been to **island** Jeju?
(해뷰 에버 빈 투 아일런드 제주?) 제주도에 가 본 적 있니?

059

호수
lake
LAKE

060

섬
island
ISLAND

061

나무
tree
TREE

062

나뭇잎
leaf
LEAF

tree
(트리) 나무

tree tree tree tree tree tree

tree

The bird is in the **tree**.
(더 벌 디즈 인 더 트뤼) 새가 나무 위에 있다.

leaf
(리프) 나뭇잎

leaf leaf leaf leaf leaf leaf

leaf

He is picking up some **leaves**.
(히 이즈 픽킹 업 썸 리브즈) 그는 나뭇잎들을 줍는다.

※ leaf의 복수형은 leaves

sun

(썬) 태양

sun sun sun sun sun sun

sun

The **sun** rises in the east.
(더 썬 롸이시스 인 더 이스트) 해는 동쪽에서 뜬다.

star

(스타리) 별

star star star star star star

star

There are a lot of stars in the **sky**.
(데어라 어 랏 어브 스타스 인 더 스카이) 하늘에 별들이 많다.

063

태양
sun
SUN

064

별
star
STAR

065

달
moon
MOON

moon

(무운) 달

moon moon moon moon

moon

We can fly to the **moon**!

(위캔 플라이 투더 무운) 우린 달까지 날아갈 수 있다!

066

무지개
rainbow
RAINBOW

rainbow

(뢰인보우) 무지개

rainbow rainbow rainbow

rainbow

There's a **rainbow** in thc sky.

(데어스 뢰인보우 인 더 스카이) 하늘에 무지개가 떴다.

flower
(플라워-ㄹ) 꽃

flower flower flower flower

flower

Bees are flying around the flowers.
(비즈아 플라잉 어라운더 플라워-ㄹ즈) 벌들이 꽃 주변을 날고 있다.

rain
(뢰인) 비

rain rain rain rain rain rain

rain

It began to rain.
(잇 비갠 투 뢰인) 비가 오기 시작했다.

067

꽃
flower
FLOWER

068

비
rain
RAIN

069

눈
snow
SNOW

snow
(스노우) 눈

snow snow snow snow

snow

A **snow**man is in the park.
(어 스노우먼 이즈 인 더 파-크) 공원에 눈사람이 있다.

070

번개
lightning
LIGHTNING

lightning
(라이트닝) 번개

lightning lightning lightning

lightning

Did you see the **lightning** last night?
(디듀 씨 더 라이트닝 라슷 나잇?) 지난 밤 번개 치는 거 봤어?

wind
(윈드) 바람

wind wind wind wind

wind

The **wind** is blowing.
(더 윈디즈 블로우잉) 바람이 불고 있다.

cloud
(클라우드) 구름

cloud cloud cloud cloud

cloud

There is a big cloud in the sky.
(데어리저 빅 클라우드 인더 스카이) 하늘에 큰 구름이 있다.

071

바람
wind
WIND

072

구름
cloud
CLOUD

해바라기
sunflower
SUN-FLOWER

sunflower
(썬플라워-ㄹ) 해바라기

sunflower   sunflower

sunflower

Do you like **sunflower**s?
(두 유 라익 썬플라워-ㄹ스) 해바라기를 좋아하나요?

튤립
tulip
TULIP

tulip
(튤립) 튤립

tulip tulip tulip tulip tulip

tulip

The **tulip**s have faded.
(더 튤립스 해브 페이디드) 튤립이 시들었다.

rose
(로우즈) 장미

rose rose rose rose rose rose

rose

She sent him a **rose**.
(쉬 샌 힘 어 로우즈) 그녀는 그에게 장미 한 송이를 보냈다.

carnation
(카네이션) 카네이션

carnation carnation carnation

carnation

He gave his mom a **carnation**.
(히 게이브 히즈 맘 어 카네이션) 그는 엄마에게 카네이션을 드렸다.

075

장미
rose
ROSE

076

카네이션
carnation
CARNA-
TION

season
[씨즌] 계절

vocabulary
카드로 보는 대표 단어

spring
(스프링) 봄

summer
(써머리) 여름

autumn
(어-틈) 가을

winter
(윈터-ㄹ) 겨울

Is it cold today?
[이짓 코울드 투데이?]
오늘은 춥습니까?

No, it isn't.
[노우, 잇 이즌트]
아니오, 그렇지 않습니다.

It is hot today.
[잇 이즈 핫 투데이]
오늘은 날씨가 덥습니다.

warm
(워-엄) 따뜻하다

hot
(핫) 덥다

cool
(쿠울) 시원하다

cold
(코울드) 춥다

077

봄
spring
SPRING

spring
(스프링) 봄

spring spring spring spring

spring

Birds breed their eggs in the spring.
(버즈 브리드 데어 에그스 인 더 스프링) 새들은 봄에 알을 깐다.

078

여름
summer
SUMMER

summer
(써머리) 여름

summer summer summer

summer

It's hot in summer.
(잇쓰 핫 인 써머리) 여름에는 날씨가 덥다.

autumn
(어-틈) 가을

autumn autumn autumn

autumn

Leaves fall in **autumn**.
(리브스 펄 린 어-틈) 가을에는 낙엽이 진다.

winter
(윈터-ㄹ) 겨울

winter winter winter

winter

We get a lot of snow in **winter**.
(위 게러랏 어브 스노우 인 윈터-ㄹ) 겨울에는 눈이 많이 온다.

079

가을
autumn
AUTUMN

080

겨울
winter
WINTER

081

따뜻하다
warm
WARM

warm

(워-엄) 따뜻하다

warm warm warm warm

warm

It's warm today.
(잇츠 워-엄 터데이) 오늘은 따뜻한 날이다.

082

덥다
hot
HOT

hot

(핫) 덥다

hot hot hot hot hot hot hot

hot

It is hot today.
(잇츠 핫 투데이) 오늘은 날씨가 덥다.

cool
(쿠울) 시원하다

cool cool cool cool cool

cool

It's **cool** outside.
(잇츠 쿠울 아웃사이드) 밖이 시원하다.

cold
(코울드) 춥다

cold cold cold cold cold

cold

The boys look **cold**.
(더 보이스 룩 코울드) 소년들은 추워 보인다.

083

시원하다
cool
COOL

084

춥다
cold
COLD

소풍
picnic
PICNIC

picnic

(피크닉) 소풍

picnic picnic picnic picnic

picnic

Let's go on a **picnic**.

(렛츠 고우 온 어 피크닉) 소풍 가자.

휴가, 방학
vacation
VACATION

vacation

(베이케이션) 휴가, 방학

vacation vacation vacation

vacation

Have a nice **vacation**!

(해 버 나이스 베이케이션) 즐거운 휴가 되세요!

beach
(비취) 해변

beach beach beach beach

beach

The **beach** is crowded with people.
(더 비취 이즈 크라우디드 위드 피플) 해변이 사람들로 붐빈다.

tour
(투어) 여행

tour tour tour tour tour

tour

She went on a **tour**.
(쉬 웬 온 어 투어) 그녀는 여행을 떠났다.

087

해변
beach
BEACH

088

여행
tour
TOUR

089

파도
wave
WAVE

wave
(웨이브) 파도

wave wave wave wave

wave

There came a huge **wave**.
(데어 케임 어 유쥐 웨이브) 거대한 파도가 왔다.

090

튜브
tube
TUBE

tube
(튜브) 튜브

tube tube tube tube tube

tube

Pump air into a **tube**.
(펌프 에어 인투 어 튜브) 펌프로 튜브에 바람을 넣어라.

Christmas
(크뤼스머스) 크리스마스

Christmas   Christmas

Christmas

Merry **Christmas!**
(메리 크뤼스머스) 메리 크리스마스!

091

크리스마스
christmas
CHRISTMAS

gift
(기프트) 선물

gift gift gift gift gift gift

gift

This **gift** is for you.
(디스 깁트 이즈 포 유) 이 선물은 너를 위한 것이다.

092

선물
gift
GIFT

animal [애니멀] 동물

vocabulary 카드로 보는 대표 단어

tiger
(타이거-ㄹ) 호랑이

lion
(라이언) 사자

monkey
(멍키-) 원숭이

dog
(더-그) 개

What are you afraid of?
[와다-유 어프레이 덥?]

당신이 두려워 하는 것은 무엇입니까?

I'm afraid of snakes.
[아임 어프레이덥 스네익스]

나는 뱀을 두려워 합니다.

He likes a cat.
[히 라익 써 캣]

그는 고양이를 좋아합니다.

bird

(버-드) 새

fish

(피쉬) 물고기

crab

(크랩) 게

spider

(스파이더리) 거미

093

호랑이
tiger
TIGER

tiger
(타이거-ㄹ) 호랑이

tiger tiger tiger tiger tiger

tiger

The tiger is the king of all animals.
(더 타이거 이즈 더 킹 어브 올 애니멀스) 호랑이는 백수의 왕이다.

094

사자
lion
LION

lion
(라이언) 사자

lion lion lion lion lion lion

lion

A lion takes good carc of his family.
(어 라이언 테익스 굿 캐어 오브 히즈 패밀리) 사자는 가족을 잘 보살핀다.

dog

(더-그) 강아지

dog dog dog dog dog

dog

I like dogs the most.
(아이 라익 더-그스 더 모우스트) 나는 개를 제일 좋아한다.

cat

(캣) 고양이

cat cat cat cat cat cat cat

cat

The cat tries to catch a mouse.
(더 캣 트라이즈 투 캣 춰 마우스) 고양이가 쥐를 잡으려 한다.

095

강아지
dog
DOG

096

고양이
cat
CAT

소
cow
COW

COW

(카우) 소

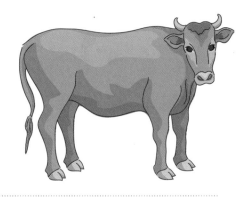

cow cow cow cow cow cow

cow

Cows eat plants.
(카우스 이-트 플랜츠) 소들은 식물을 먹는다.

돼지
pig
PIG

pig

(피그) 돼지

pig pig pig pig pig pig

pig

Pigs eat all kinds of food.
(피그지-ㅅ 올 카인저브 푸-드) 돼지는 온갖 음식을 먹어요.

chicken
(취컨) 닭

chicken chicken chicken

chicken

A hen leads a brood of **chicken**s.
(어 헨 리이저 브루덥 취컨스) 암탉이 병아리들을 거느리다.

sheep
(쉽) 양

sheep sheep sheep sheep

sheep

A shephcrd takes care of **sheep**.
(어 쉐퍼드 테익스 캐어 럽 쉽) 양치기는 양들을 돌본다.

099

닭
chicken
CHICKEN

100

양
sheep
SHEEP

원숭이
monkey
MONKEY

monkey
(멍키) 원숭이

monkey monkey monkey

monkey

A **monkey** has a long tail.
(어 멍키 해즈 어 롱 테일) 원숭이는 꼬리가 길다.

여우
fox
FOX

fox
(팍스) 여우

fox fox fox fox fox fox

fox

The **fox** follows close behind.
(더 팍스 팔로우스 클로우스 비하인드) 여우가 바싹 뒤쫓아온다.

giraffe
(쥐래프) 기린

giraffe giraffe giraffe giraffe

giraffe

A giraffe has a long neck.
(어 쥐래프 해저 롱 넥) 기린의 목은 길다.

bear
(베어리) 곰

bear bear bear bear bear

bear

The bear likes honey.
(더 베어르 라익스 허니) 곰은 꿀을 좋아한다.

103

기린
giraffe
GIRAFFE

104

곰
bear
BEAR

105

토끼
rabbit
RABBIT

rabbit
(뢰빗) 토끼

rabbit rabbit rabbit rabbit

rabbit

Rabbits have big ears.
(뢰빗츠 해브 빅 이어르스) 토끼는 귀가 크다.

106

말
horse
HORSE

horse
(호-르스) 말

horse horse horse horse

horse

The **horse** is running.
(더 호-르스 이즈 뤄닝) 말이 달리고 있다.

wolf
(울프) 늑대

wolf wolf wolf wolf wolf

wolf

A **wolf** in sheep's clothing.
(어 울프 인 쉬입스 클로우딩) 양의 탈을 쓴 늑대.

donkey
(당키) 당나귀

donkey   donkey   donkey

donkey

Hc is riding a **donkey.**
(히즈 롸이딩 어 당키) 그는 당나귀를 타고 있다.

늑대
wolf
WOLF

당나귀
donkey
DONKEY

109

코끼리
elephant
ELEPHANT

elephant

(엘리펀트) 코끼리

elephant elephant elephant

elephant

An elephant is a big animal.
(언 엘리펀트 이즈 어 빅 애니멀) 코끼리는 큰 동물이다.

110

생쥐
mouse
MOUSE

mouse

(마우스) 생쥐

mouse mouse mouse mouse

mouse

The cat tries to catch a mouse.
(더 캣 트라이스 투 캐취 어 마우스) 고양이가 쥐를 잡으려 한다.

camel

(캐멀) 낙타

camel camel camel camel

camel

Camels live in the desert.
(캐멀스 리브 인더 데저트) 낙타는 사막에 산다.

zebra

(지브러) 얼룩말

zebra zebra zebra zebra

zebra

The **zebra** has stripes.
(더 지브러 해즈 스트라입스) 얼룩말은 줄무늬가 있다.

111

낙타
camel
CAMEL

112

얼룩말
zebra
ZEBRA

113

코알라
koala
KOALA

koala

(코우알러) 코알라

koala koala koala koala

koala

A koala carries her baby on her back.
(어 코우알러 캐리스 허 베이비 온 허 백) 코알라는 새끼를 업고 다닌다.

114

사슴
deer
DEER

deer

(디어) 사슴

deer deer deer deer deer

deer

The deer has a horn
(더 디어 해즈 어 혼) 사슴에게는 뿔이 있다.

gorilla
(거릴러) 고릴라

gorilla   gorilla   gorilla

gorilla

A **gorilla** is similar to a human.
(어 거릴러 이즈 시멀러 투 어 휴-먼) 고릴라는 사람과 비슷하다.

kangaroo
(캥거루-) 캥거루

kangaroo kangaroo kangaroo

kangaroo

A **kangaroo** jumps high.
(어 캥거루- 점프스 하이) 캥거루는 높이 점프한다.

115

고릴라
gorilla
GORILLA

116

캥거루
kangaroo
KANGA-ROO

crocodile

(크락커다일) 악어

crocodile crocodile crocodile

crocodile

The **crocodile** came up out of the water.
(더 크락커다일 케임 업 아우럽 더 워러) 악어가 물에서 올라왔다.

shark

(샤르크) 상어

shark shark shark shark

shark

Sharks usually eat fish.
(샤르크스 유즈얼리 잇 피쉬) 상어들은 주로 물고기를 먹어요.

whale
(웨일) 고래

whale whale whale whale

whale

A **whale** lives in the ocean.
(어 웨일 리브스 인 디 오우션) 고래는 바다에 산다.

dolphin
(달핀) 돌고래

dolphin dolphin dolphin

dolphin

A **dolphin** isn't afraid of people.
(어 달핀 이즌 어프레이드 어브 피플) 돌고래는 사람을 무서워하지 않는다.

119

고래
whale
WHALE

120

돌고래
dolphin
DOLPHIN

121

거북이
turtle
TURTLE

122

펭귄
penguin
PENGUIN

turtle
(터틀) 거북이

turtle turtle turtle turtle

turtle

The turtle is very slow.
(더 터틀 리즈 베리 슬로우) 거북이는 아주 느리다.

penguin
(펭귄) 펭귄

penguin penguin penguin

penguin

A penguin lives in cold places.
(어 페윈 리브스 인 코울드 플레이스) 펭귄은 추운 곳에서 산다.

crab
(크랩) 게

crab crab crab crab crab

crab

Crabs walk sideways.
(크랩스 월크 사이드웨이스) 게는 옆으로 움직인다.

fish
(피쉬) 물고기

fish fish fish fish fish fish

fish

He catches some **fish**.
(히 캣취스 썸 피쉬) 그는 물고기를 잡는다.

123

게
crab
CRAB

124

물고기
fish
FISH

125

문어
octopus
OCTOPUS

octopus

(악터퍼스) 문어

octopus octopus octopus

octopus

The **octopus** has many legs.

(더 악터퍼스 메즈 메니 레그즈) 문어는 다리가 많다.

126

오징어
squid
SQUID

squid

(스퀴드) 오징어

squid squid squid squid

squid

A **squid** lives in the sea.

(어 스퀴드 리브스 인 더 씨) 오징어는 바다에 산다.

snake

(스네익) 뱀

snake snake snake snake

snake

I hate **snake**s.

(아이 해잇 스네익스) 나는 뱀을 싫어한다.

127

뱀
snake
SNAKE

snail

(스네일) 달팽이

snail snail snail snail snail

snail

He is as slow as a **snail**.

(히즈 애즈 슬로우 애즈 어 스네일) 그는 달팽이처럼 느리다.

128

달팽이
snail
SNAIL

bird

(버드) 새

bird   bird   bird   bird   bird

bird

The **bird** is on the branch of a tree.

(더 벌 디스 온 더 브랜취 옵 어 트뤼) 새가 나뭇가지 위에 있다.

eagle

(이글) 독수리

eagle eagle eagle eagle eagle

eagle

The **eagle** is the symbol of America.

(더 이글 리즈 더 심벌 어브 어메리커) 독수리는 미국의 상징이다.

ostrich

(오스트리치) 타조

ostrich ostrich ostrich ostrich

ostrich

The **ostrich** has a long neck.
(더 오스트리취 해 저 롱 넥) 타조는 목이 길다.

131

타조
ostrich
OSTRICH

swallow

(스왈로우) 제비

swallow swallow swallow

swallow

I can catch a **swallow**.
(아이 캔 캐취 어 스왈로우) 난 제비를 잡을 수 있다.

132

제비
swallow
SWALLOW

백조
swan
SWAN

swan

(스완) 백조

swan swan swan swan

swan

The swans are danger.
(더 스완자 데인줘리) 백조들이 위험에 처해있다.

오리
duck
DUCK

duck

(덕) 오리

duck duck duck duck duck

duck

Ducks are good swimmers.
(덕스 아 굿 스위머스) 오리는 헤엄을 잘 친다.

gull
(걸) 갈매기

gull gull gull gull gull

gull

Gulls are wheeling about.
(걸스 아 윌링 어바웃) 갈매기가 날고 있다.

owl
(아울) 올빼미

owl owl owl owl owl owl

owl

My life pattern type is like a night **owl**.
(마이 라이프 패턴 타입 이즈 라익커 나잇 아울) 나는 올빼미 체질이다.

135
갈매기
gull
GULL

136
올빼미
owl
OWL

나비
butterfly
BUTTER-
FLY

butterfly

(버러플라이) 나비

butterfly   butterfly   butterfly

butterfly

The **butterfly** is on the flower.

(더 버러플라이 이즈 온더 플라워-르) 나비가 꽃에 앉아 있다.

개구리
frog
FROG

frog

(프라그) 개구리

frog   frog   frog   frog   frog

frog

Tadpoles turn into **frog**s.

(태드포울스 터 닌두 프라그스) 올챙이는 개구리가 된다.

ant

(앤트) 개미

ant ant ant ant ant ant

ant

Ants work very hard.

(앤츠 웍 베리 하르드) 개미는 아주 열심히 일합니다.

spider

(스파이더) 거미

spider spider spider spider

spider

The **spider** is making a web.

(더 스파이더 리즈 메이킹 어 웹) 거미가 거미줄을 치고 있다.

139

개미
ant
ANT

140

거미
spider
SPIDER

141

잠자리
dragonfly
DRAGON-
FLY

dragonfly

(드레곤플라이) 잠자리

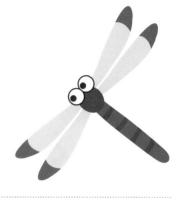

dragonfly dragonfly dragonfly

dragonfly

Dragonflies are flitting about in the sky

(드레곤플라이 아 플릿팅 어바웃 인 더 스카이) 잠자리가 하늘에서 날고 있다.

142

메뚜기
grasshopper
GRASS-
HOPPER

grasshopper

(그래스하퍼) 메뚜기

grasshopper grasshopper

grasshopper

Grasshoppers harm crops.

(그래스하퍼스 하암 크랍스) 메뚜기는 농작물에 해를 끼친다.

bee
(비이) 벌

bee bee bee bee bee bee bee

bee

A **bee** is on the flower.
(어 비 이즈 온 더 플라우어리) 벌 한 마리가 꽃 위에 있다.

ladybug
(레이디버그) 무당벌레

ladybug ladybug ladybug

ladybug

The **ladybug** is cute
(더 레이디버그 이즈 큐트) 무당벌레는 귀엽다.

143

벌
bee
BEE

144

무당벌레
ladybug
LADYBUG

body
[바디] 몸

vocabulary
카드로 보는 대표 단어

eye

(아이) 눈

nose

(노우즈) 코

mouth

(마우쓰) 입

ear

(이어르) 귀

Am I ugly?

[앰 아이 어글리?]

제가 못생겼습니까?

No, You are pretty.

[노우, 유 아 프리]

아니오, 당신은 귀엽습니다.

She has dark eyes.

[쉬 해즈 다르크 아이스]

그녀의 눈은 검은색입니다.

			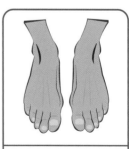
head	**face**	**hand**	**foot**
(헤드) 머리	(페이스) 얼굴	(핸드) 손	(풋) 발

head

(헤드) 머리

head   head   head   head

head

Can you stand on your **head**?

(캔 유 스탠 돈 유어 헤드) 물구나무 설 수 있나요?

face

(페이스) 얼굴

face   face   face   face   face

face

I Ie hits mc on the **face**.

(히 힛츠 미 온 더 페이스) 그가 나의 얼굴을 때렸다.

eye
(아이) 눈

eye eye eye eye eye eye

eye

She has dark **eyes**.
(쉬 해즈 다르크 아이스) 그녀의 눈은 검은색이다.

147

눈
eye
EYE

nose
(노우즈) 코

nose nose nose nose nose

nose

My **nose** is bleeding
(마이 노우즈 이즈 블리-딩) 나는 코피가 난다.

148

코
nose
NOSE

149

입
mouth
MOUTH

mouth

(마우쓰) 입

mouth mouth mouth mouth

mouth

The apple makes my **mouth** water.

(디 애플 메익스 마이 마우스 워러) 사과가 군침을 돌게 만든다.

150

귀
ear
EAR

ear

(이어르) 귀

ear ear ear ear ear ear

ear

The rabbit has long **ear**s.

(더 뢰빗 해즈 롱 이어즈) 토끼는 긴 귀를 가지고 있다.

hand
(핸드) 손

hand hand hand hand hand

hand

Wash your **hand**s first.
(워쉬 츄어 핸즈 퍼스트) 먼저 손을 씻으세요.

foot
(풋) 발

foot foot foot foot foot foot

foot

The mouse hurt his **foot**.
(더 마우스 허-르트 히즈 풋) 생쥐는 발을 다쳤다.

151

손
hand
HAND

152

발
foot
FOOT

몸
body
BODY

body

(바디) 몸

body body body body

body

Our **body** is precious.
(아워 바디 이즈 프레셔스) 우리의 몸은 소중하다.

어깨
shoulder
SHOUL-
DER

shoulder

(쇼울더) 어깨

shoulder shoulder shoulder

shoulder

Father has broad **shoulder**s.
(파더-르 해즈 브롸-드 쇼울더스) 아버지는 어깨가 넓으시다.

arm
(아암) 팔

arm arm arm arm arm

arm

My **arm** was broken.
(마이 아암 워즈 브로큰) 나의 팔이 부러졌다.

leg
(렉) 다리

leg leg leg leg leg leg

leg

Your **leg**s are long.
(유어 렉스아 롱) 너의 다리는 길어.

155

팔
arm
ARM

156

다리
leg
LEG

가슴
chest
CHEST

chest

(췌스트) 가슴

chest chest chest chest

chest

I have a pain in my **chest**.

(아이 해 버 페인 인 마이 췌스트) 가슴이 아파요.

목
neck
NECK

neck

(넥) 목

neck neck neck neck neck

neck

The giraffe has a long **neck**.

(더 쥐래프 해저 롱 넥) 기린은 목이 길다.

hip
(힙) 엉덩이

hip hip hip hip hip hip

hip

The monkey is wriggling his **hip**s.
(더 멍키 이스 위글링 히스 힙스) 원숭이가 엉덩이를 흔들고 있다.

back
(백) 등

back back back back back

back

Sit **back** and relax.
(씻 백 앤 릴랙스) 등을 기대고 편히 쉬어.

159

엉덩이
hip
HIP

160

등
back
BACK

161

무릎
knee
KNEE

knee

(니-) 무릎

knee knee knee knee knee

knee

She kicked him on the **knee**.
(쉬 킥트 힘 온 더 니-) 그녀는 그의 무릎을 걸어찼다.

162

머리카락
hair
HAIR

hair

(헤어르) 머리카락

hair hair hair hair hair

hair

I had my **hair** cut.
(아이 해드 마이 헤어 컷) 머리를 잘랐다.

cheek

(취크) 뺨

cheek cheek cheek cheek

cheek

She kissed him on the **cheek**.
(쉬 키스드 힘 온 더 취크) 그녀는 그의 뺨에 키스했다.

forehead

(포어헤드) 이마

forehead forehead forehead

forehead

Sweat stood on his **forehead**.
(스윗 스투 론 히즈 포어헤드) 그의 이마에 땀이 배어 있었다.

163

뺨
cheek
CHEEK

164

이마
forehead
FOREHEAD

손가락
finger
FINGER

finger

(휭거) 손가락

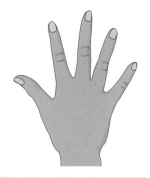

finger finger finger finger

finger

My little finger hurts.
(마이 리를 핑거 허르츠) 새끼 손가락이 아파요.

발가락
toe
TOE

toe

(토우) 발가락

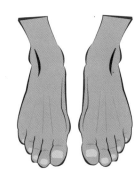

toe toe toe toe toe toe toe

toe

Did I step on your toes? Sorry!
(디드아이 스텝 온 유어 토우즈? 쏘리) 발을 밟았나요? 죄송해요!

lip
(립) 입술

lip lip lip lip lip lip lip lip

lip

Your **lips** are cute.
(유어 립스 아 큐트) 네 입술이 귀엽다.

tooth
(투우쓰) 치아, 이

tooth tooth tooth tooth tooth

tooth

An eye for an eye, a **tooth** for a **tooth**.
(언 아이 포 언 아이, 어 투우쓰 포 어 투우쓰) 눈에는 눈 이에는 이.

167

입술
lip
LIP

168

치아, 이
tooth
TOOTH

fruit [프룻] 과일

vocabulary 카드로 보는 대표 단어

apple

(애플) 사과

strawberry

(스트로-베리) 딸기

grape

(그뢰이프) 포도

peach

(피취) 복숭아

Fresh fruit is good for our health.
[프레쉬 프룻 이즈 굿 포 아워 헬스]
신선한 과일은 우리 건강에 좋다.

It's a delicious apple.
[잇써 딜리셔스 애플]
그것은 맛있는 사과이다.

Wine is made from grapes.
[와인 이즈 메이드 프럼 그뢰입스]
포도주는 포도로 만든다.

tomato
(터메이토우) 토마토

onion
(어니언) 양파

pepper
(페퍼) 고추

carrot
(캐럿) 당근

과일
fruit
FRUIT

fruit
(프룻) 과일

fruit *fruit* *fruit* *fruit* *fruit*

fruit

Fresh **fruit** is good for our health.
(프레쉬 프룻 이즈 굿 포 아워헬스) 신선한 과일은 우리 건강에 좋다.

사과
apple
APPLE

apple
(애플) 사과

apple *apple* *apple* *apple*

apple

That **apple** is red.
(댓 애플 리즈 레드) 저 사과는 빨간색이다.

strawberry
(스트로-베리) 딸기

strawberry   strawberry

strawberry

Jane likes **strawberry** jam.
(제인 라익스 스트로-베리 잼) 제인은 딸기잼을 좋아한다.

banana
(버내너) 바나나

banana   banana   banana

banana

This **banana** is long.
(디스 버내너 이즈 롱) 이 바나나는 길다.

171

딸기
strawberry
**STRAW-
BERRY**

172

바나나
banana
BANANA

173

포도
grape
GRAPE

174

배
pear
PEAR

grape
(그뢰입) 포도

grape grape grape grape

grape

Wine is made from **grape**s.
(와인 이즈 메이드 프럼 그뢰입스) 포도주는 포도로 만든다.

pear
(페어) 배

pear pear pear pear pear

pear

It`s a delicious **pear**.
(잇써 딜리셔스 페어리) 그것은 맛있는 배다.

watermelon

(워터멜론) 수박

watermelon watermelon

watermelon

I want to buy a **watermelon**.

(아이 원 투 바이 어 워터-ㄹ멜런) 나는 수박을 사고 싶다.

peach

(피-취) 복숭아

peach peach peach peach

peach

Please peel the **peach**.

(플리즈 피얼 더 피-취) 복숭아 껍질을 벗겨 주세요.

175

수박
watermelon
WATER-MELON

176

복숭아
peach
PEACH

177

파인애플
pineapple
PINE-APPLE

pineapple

(파인애플) 파인애플

pineapple   pineapple

pineapple

A **pineapple**s is a fruit.

(어 파인애플즈 이서 프룻) 파인애플은 과일이다.

178

감
persimmon
PERSIM-MON

persimmon

(퍼르씨먼) 감

persimmon   persimmon

persimmon

These **persimmons** arc bitter.

(디즈 퍼르씨먼스 아 비터) 이 감들은 맛이 떫다.

lemon

(뢰먼) 레몬

lemon lemon lemon lemon

lemon

Lemons are rich in vitamin C.

(뢰먼스 아 뤼치 인 바이터민 씨이) 레몬에는 비타민 C가 많다.

vegetable

(베쥐터블) 채소

vegetable vegetable vegetable

vegetable

Do you like **vegetable**?

(두 유 라익 베쥐터블?) 당신은 채소를 좋아합니까?

179

레몬
lemon
LEMON

180

채소
vegetable
VEGETABLE

토마토
tomato
TOMATO

고추
pepper
PEPPER

tomato

(터메이토우) 토마토

tomato tomato tomato

tomato

Tomatoes are red when they are ripe.
(터메이토우즈 아 뢰드 웬 데이 아 라입) 토마토는 익으면 빨갛다.

pepper

(페퍼리) 고추

pepper pepper pepper

pepper

This red pepper is really spicy.
(디스 뢰드 페퍼 이즈 뤼얼리 스파이씨) 이 고추는 정말 맵다.

cabbage

(캐비쥐) 배추

cabbage cabbage cabbage

cabbage

The cabbage has a large head.
(더 캐비쥐 해저 라쥐 헤드) 배추가 통이 크다.

onion

(어니언) 양파

onion onion onion onion

onion

An onion has a strong smell.
(언 어니언 해 저 스트롱 스멜) 양파는 냄새가 강하다.

183

배추
cabbage
CABBAGE

184

양파
onion
ONION

당근
carrot
CARROT

carrot

(캐럿) 당근

carrot carrot carrot carrot

carrot

Rabbits eat carrots.
(뢰빗츠 이-ㅅ 캐럿츠) 토끼는 당근을 먹는다.

오이
cucumber
CUCUM-
BER

cucumber

(큐컴버) 오이

cucumber   cucumber

cucumber

The cucumber is green.
(더 큐컴버 리즈 그륀) 오이는 녹색이다.

mushroom

(머쉬룸) 버섯

mushroom mushroom

mushroom

Mom likes **mushroom**s.
(맘 라익스 머쉬룸스) 엄마는 버섯을 좋아한다.

eggplant

(에그플랜트) 가지

eggplant eggplant eggplant

eggplant

I like to eat **eggplant**s.
(아이 라익 투 잇 에그플랜츠) 나는 가지를 즐겨 먹는다.

187

버섯
mushroom
MUSHROOM

188

가지
eggplant
**EGG-
PLANT**

옥수수
corn
CORN

corn
(코온) 옥수수

corn corn corn corn corn

corn

We grow corn in the backyard.
(위 그로우 코온 인 더 백야드) 우리는 뒤뜰에 옥수수를 키운다.

콩
bean
BEAN

bean
(비인) 콩

bean bean bean bean bean

bean

I like to eat **bean**s.
(아이 라익 투 잇 비인스) 나는 콩을 좋아한다.

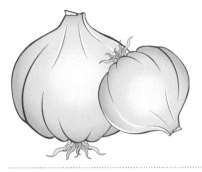

garlic

(갈릭) 마늘

garlic garlic garlic garlic

garlic

It's taste is like **garlic**.

(잇츠 테이스트 이즈 라익 가알릭) 그것은 마늘 맛이 난다.

spring onion

(스프링어니언) 파

spring-onion spring-onion

spring-onion

I like **spring onions**.

(아이 라익 스프링어니언스) 나는 파를 좋아한다.

마늘
garlic
GARLIC

파
spring onion
**SPRING
ONION**

호박
pumpkin
PUMPKIN

pumpkin

(펌프킨) 호박

pumpkin pumpkin pumpkin

pumpkin

Like a fat **pumpkin** face.
(라익 커 팻 펌프킨 페이스) 호박 같은 얼굴.

피망
green pepper
GREEN-
PEPPER

green pepper

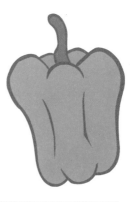

(그륀 페퍼) 피망

green pepper   green pepper

green pepper

He likes **green peppers**.
(히 라익스 그륀 페퍼스) 그는 피망을 좋아한다.

peanut

(피넛) 땅콩

peanut peanut peanut

peanut

The bowl is full of **peanut**s.

(더 보울 리즈 풀 러브 피넛츠) 그릇에 땅콩이 가득하다.

walnut

(월넛) 호두

walnut walnut walnut

walnut

This **walnut** has a lot of substances.

(디스 월넛 해 저 라 럽 썸스턴시즈) 이 호두는 살이 많다.

195

땅콩
peanut
PEANUT

196

호두
walnut
WALNUT

food [푸드] 음식

vocabulary
카드로 보는 대표 단어

boiled rice

(보일드 롸이스) 밥

noodle

(누들) 국수

bread

(브뤠드) 빵

water

(워러) 물

Which Korean food do you like best?

[위취 코리언 푸드 두 유 라익 베스트?]

한국 음식 중 제일 좋아하는 것은 무엇인가요?

What's your favority food?

[왓스 유어 페버릿 푸드?]

가장 좋아하는 음식은 무엇입니까?

I like kimchi.

[아이 라익 김치]

나는 김치를 좋아합니다.

juice

(쥬스) 주스

candy

(캔디) 사탕

pizza

(핏짜) 피자

curry

(커리) 카레

밥
boiledrice
BOILED-
RICE

boiled rice

(보일드 롸이스) 밥

boiled rice   boiled rice

boiled rice

Mix **boiled rice** with seasonings

(믹스 보일드 롸이스 위드 씨저닝스) 양념이 된 밥

김치
kimchi
KIMCHI

kimchi

(김치) 김치

kimchi   kimchi   kimchi

kimchi

Kimchi is a Korean traditional food.

(김치 이저 코리언 트러디셔널 푸-드) 김치는 한국 전통 음식이다.

bread

(브뢰드) 빵

bread bread bread bread

bread

The woman is baking the **bread**.
(더 워먼 이즈 베이킹 더 브뢰드) 여자가 빵을 굽고 있다.

noodle

(누들) 국수

noodle noodle noodle

noodle

Noodles were first made in China.
(누들스 워 퍼스트 메이딘 촤이나) 국수는 중국에서 제일 먼저 만들었다.

199
빵
bread
BREAD

200
국수
noodle
NOODLE

음식
food
FOOD

food

(푸-드) 음식

food food food food food

food

What is your favorite **food**?

(와리즈 유어 페버릿 푸드) 가장 좋아하는 음식이 무엇입니까?

요리
cook
COOK

cook

(쿡) 요리

cook cook cook cook cook

cook

It's time to **cook**.

(잇츠 타임 투 쿡) 요리할 시간이다.

soup
(쑵) 수프

soup soup soup soup soup

soup

My **soup** is cold.
(마이 쑵 이즈 코울드) 내 수프가 식었다.

203

수프
soup
SOUP

rice
(롸이스) 쌀

rice rice rice rice rice rice

rice

Flour is different from **rice**.
(플라우어 이즈 디퍼런트 프롬 롸이스) 밀가루는 쌀과 다르다.

204

쌀
rice
RICE

205

음료수
drink
DRINK

206

주스
juice
JUICE

drink
(드링크) 음료수

drink drink drink drink

drink

What would you like to **drink**?
(왓 우 쥬 라익 투 드링크?) 음료수는 무엇으로 드릴까요?

juice
(쥬스) 주스

juice juice juice juice juice

juice

I'd like to have some orange **juice**.
(아이드 라익 투 해브 썸 어륀지 쥬스) 오렌지 주스를 마시고 싶다.

milk
(밀크) 우유

milk milk milk milk milk

milk

Milk taste good when it's cold.
(밀크 테이스츠 굳 웬 잇츠 코울드) 우유는 차가울 때 맛있다.

water
(워러) 물

water water water water

water

People drink **water** every day.
(피플 드링 워러 에브리데이) 사람들은 매일 물을 마신다.

207

우유
milk
MILK

208

물
water
WATER

209

샌드위치
sandwich
SANDWICH

sandwich
(샌드위치) 샌드위치

sandwich sandwich sandwich

sandwich

I'm making some sandwiches.
(아임 메이킹 썸 샌드위치스) 샌드위치를 만들고 있어.

210

생일
birthday
BIRTHDAY

birthday
(버-ㄹ스데이) 생일

birthday birthday birthday

birthday

When is your birthday?
(웬 이즈 유어 버-ㄹ스데이?) 너의 생일은 언제니?

ice cream

(아이스 크림) 아이스 크림

ice cream   ice cream

ice cream

Ice cream is in the fridge.

(아이스 크림 이 진 더 프레쥐) 아이스크림은 냉장고 안에 있어요.

cake

(케익) 케이크

cake cake cake cake cake

cake

They are cutting the cake.

(데이 아 커팅 더 케익) 그들은 케익을 자르고 있다.

211

아이스크림
ice cream
ICE CREAM

212

케이크
cake
CAKE

바베큐
barbecue
BARBECUE

barbecue

(바비큐) 바베큐

barbecue barbecue barbecue

barbecue

He's having a **barbecue** on Sunday.

(히즈 해빙 어 바비큐 온 선데이) 그는 일요일에 바베큐 파티를 열려고 한다.

피자
pizza
PIZZA

pizza

(핏짜) 피자

pizza pizza pizza pizza

pizza

I want a cheese **pizza**, the large size.

(아이 원 어 치이즈 핏짜, 더 라쥐 사이즈) 치즈 피자 큰 걸로 주세요.

hamburger
(햄버거) 햄버거

hamburger　hamburger

hamburger

How much is the hamburger?
(하우 머취 이즈 더 햄버-거) 햄버거가 얼마죠?

햄버거
hamburger
HAMBUR-GER

215

curry
(커리) 카레

curry　curry　curry　curry

curry

Do you want some **curry** and rice?
(두 유 원 썸 커리 앤 롸이스?) 카레라이스 먹을래?

카레
curry
CURRY

216

달걀
egg
EGG

egg
(에그) 달걀

egg egg egg egg egg egg

egg

I would like an egg sandwich

(아이 우드 라익 컨 에그 샌드위치) 나는 계란 샌드위치로 하겠다.

치즈
cheese
CHEESE

cheese
(치이즈) 치즈

cheese cheese cheese cheese

cheese

Make me some cheese cake.

(메익 미 썸 치즈 케익) 치즈 케익도 만들어 주세요.

salt

(썰트) 소금

salt salt salt salt salt salt

salt

We cannot live without **salt**.

(위 캐낫 리브 위다웃 썰트) 우리는 소금 없이 못 산다.

sugar

(슈거-ㄹ) 설탕

sugar sugar sugar sugar

sugar

Sugar is sweet.

(슈거-ㄹ 이즈 스위-ㅌ) 설탕은 달아요.

219

소금
salt
SALT

220

설탕
sugar
SUGAR

221

커피
coffee
COFFEE

coffee
(커피) 커피

coffee coffee coffee coffee

coffee

The coffee is free.
(더 커피 이즈 프리) 그 커피는 무료이다.

222

초콜릿
chocolate
CHOCOLATE

chocolate
(취컬렛) 초콜릿

chocolate chocolate chocolate

chocolate

Do you want some chocolate?
(두 유 원 섬 취컬렛?) 초콜릿 좀 먹을래?

candy

(캔디) 사탕

candy candy candy candy

candy

Can I have some **candy**, mom?

(캔 아이 해브 썸 캔디, 맘?) 엄마, 사탕 먹어도 돼요?

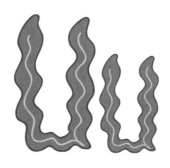

seaweed

(씨위드) 미역, 해초

seaweed seaweed seaweed

seaweed

There is rice with **seaweed**.

(데어리즈 롸이스 위드 씨위드) 그것은 김과 밥이 같이 있는 거다.

223

사탕
candy
CANDY

224

미역, 해초
seaweed
SEAWEED

transportation [트랜스포테이션] 탈 것

vocabulary 카드로 보는 대표 단어

car

(카-ㄹ) 자동차

bus

(버스) 버스

train

(트뢰인) 기차

airplane

(에어플레인) 비행기

There're many cars on the street.
[데어라 매니 카-르스 언 더 스트리-트]

차도에 차들이 많다.

We're going to Seoul by train.
[위아 고윙 투 서울 바이 트뢰인]

우리는 기차로 서울까지 가려고 한다.

Can you ride a bicycle?
[캔 유 롸이더 바이시클?]

자전거를 탈 수 있나요?

truck
(트럭) 트럭

ship
(쉽) 배

bicycle
(바이시클) 자전거

submarine
(썹머린) 잠수함

자동차
car
CAR

car
(카-ㄹ) 자동차

car car car car car car car

car

There are many **car**s on the street.
(데어 라 매니 카-ㄹ스 언 더 스트리-ㅌ) 차도에 차들이 많다.

기차
train
TRAIN

train
(트뢰인) 기차

train train train train train

train

We are going to Seoul by **train**.
(위아 고잉 투 서울 바이 트뢰인) 우리는 기차로 서울까지 가려고 한다.

airplane
(에어플레인) 비행기

airplane airplane airplane

airplane

I'll take a toy like **airplane**.
(아윌 테익 커 토이 라익 에어플레인) 난 장난감 비행기를 가질래.

227

비행기
airplane
AIRPLANE

ship
(쉽) 배

ship ship ship ship ship

ship

There are many **ship**s on the sea.
(데어라 매니 쉽스 온 더 씨-) 바다에 많은 배들이 있다.

228

배
ship
SHIP

버스
bus
BUS

bus

(버스) 버스

bus bus bus bus bus bus

bus

I took a full **bus**.

(아이 툭 커 풀 버스) 나는 만원 버스를 탔다.

자전거
bicycle
BICYCLE

bicycle

(바이시클) 자전거

bicycle   bicycle   bicycle

bicycle

Can you ride a **bicycle**?

(캔 유 롸이더 바이시클?) 자전거를 탈 수 있나요?

subway

(썹웨이) 지하철

subway subway subway

subway

We will go there by **subway**.
(위 윌 고우 데어 바이 썹웨이) 우리는 지하철로 거기에 갈 거다.

submarine

(썹머린) 잠수함

submarine   submarine

submarine

Submarines sail in the water.
(썹머린스 세일 인 더 워러) 잠수함은 물 밑으로 다닌다.

231

지하철
subway
SUBWAY

232

잠수함
submarine
SUB-MARINE

오토바이
motorbike
**MOTOR-
BIKE**

motorbike

(모우터바이크) 오토바이

motorbike   motorbike

motorbike

Motorbikes are parked.

(모우터바이크스 아 파크드) 오토바이들이 주차되어 있다.

트럭
truck
TRUCK

truck

(트럭) 트럭

truck truck truck truck truck

truck

The **truck** is overloaded.

(더 트럭 이즈 오우버로우디드) 트럭에 짐이 너무 많이 실려 있다.

taxi

(택시) 택시

taxi taxi taxi taxi taxi taxi

taxi

He is a **taxi** driver.
(히이즈 어 택시 드롸이버) 그는 택시 운전사이다.

235

택시
taxi
TAXI

spaceship

(스페이스쉽) 우주선

spaceship　　spaceship

spaceship

The **spaceship** went out of orbit.
(더 스페이스쉽 웬 아우럽 어빗) 우주선이 궤도 밖으로 나갔다.

236

우주선
spaceship
**SPACE-
SHIP**

147

237

oil

(오우일) 기름

oil oil oil oil oil oil oil oil

oil

We need eggs and **oil**.

(위 니드 에그즈 앤 오일) 달걀 그리고 기름이 필요하다.

기름
oil
OIL

238

wheel

(위일) 바퀴

wheel wheel wheel wheel

wheel

The **wheel**s began spinning around.

(더 위일스 비갠 스피닝 어롸운드) 차 바퀴가 돌기 시작했다.

바퀴
wheel
WHEEL

ticket
(티킷) 표

ticket ticket ticket ticket

ticket

Give me a one-way **ticket**, please.
(깁 미 어 원 웨이 티킷, 플리즈) 편도표 하나 주세요.

gas station
(개스 스테이션) 주유소

gas station   gas station

gas station

I'm looking for **gas station**.
(아임 룩킹 포 개스 스테이션) 나는 주유소를 찾고 있다.

239

표
ticket
TICKET

240

주유소
gas station
GAS
STATION

sports
[스포르츠] 운동경기

vocabulary
카드로 보는 대표 단어

soccer

(싸커) 축구

baseball

(베이스버얼) 야구

basketball

(배스킷버얼) 농구

vollyball

(발리버얼) 배구

What's your favorite sports?

[왓스 유어 페이버릿 스포-츠?]

가장 좋아하는 운동경기가 무엇입니까?

My favorite sports is golf.

[마이 페어버릿 스포-치즈 갈프]

나는 골프를 가장 좋아합니다.

Let's play tennis.

[렛츠 플레이 테니스]

테니스 치러 갑시다.

golf

(갈프) 골프

badminton

(배드민튼) 배드민턴

skating

(스케이팅) 스케이트

ski

(스키) 스키

축구
soccer
SOCCER

soccer

(싸커) 축구

soccer soccer soccer soccer

soccer

Do you like **soccer**?

(두 유 라익 싸커?) 축구를 좋아하나요?

야구
baseball
BASEBALL

baseball

(베이스버얼) 야구

baseball baseball baseball

baseball

He is a great **baseball** player.

(히 이저 그뢰잇 베이스버얼 플레이어) 그는 훌륭한 야구 선수다.

basketball

(배스킷버얼) 농구

basketball   basketball

basketball

I like to play **basketball**.
(아이 라익 투 플레이 배스킷버얼) 나는 농구하는 걸 좋아한다.

volleyball

(발리버얼) 배구

volleyball   volleyball

volleyball

I am going to play **volleyball**.
(아임 고잉 투 플레이 발리버얼) 나는 배구를 하려고 한다.

243

농구
basketbball
**BASKET-
BALL**

244

배구
volleyball
**VOLLEY-
BALL**

245

골프
golf
GOLF

golf

(갈프) 골프

golf golf golf golf golf golf

golf

Do you play **golf**?

(두 유 플레이 갈프?) 너 골프를 치니?

246

배드민턴
badminton
BADMINTON

badminton

(배드민튼) 배드민턴

badminton badminton

badminton

People are playing **badminton**.

(피플 아 플레이잉 베드민튼) 사람들이 배드민턴을 치고 있다.

boxing
(박싱) 권투

boxing   boxing   boxing

boxing

He is the **boxing** champion.
(히즈 더 박싱 챔피언) 그는 권투 챔피언이다.

swimming
(스위밍) 수영

swimming   swimming

swimming

Let's go **swimming**.
(렛츠 고우 스위밍) 수영하러 가자.

247

권투
boxing
BOXING

248

수영
swimming
SWIMMING

스케이트
skating
SKATING

skating

(스케이팅) 스케이트

skating   skating   skating

skating

A boy is skating on the ice.
(어 보이 이즈 스케이팅 온 디 아이스) 소년이 얼음 위에서 스케이트를 타고 있다.

스키
ski
SKI

ski

(스키) 스키

ski   ski   ski   ski   ski   ski

ski

I can't ski.
(아이 캐앤 스키) 나는 스키를 탈 줄 모른다.

tennis

(테니스) 테니스, 정구

tennis tennis tennis tennis

tennis

Let's play **tennis**.
(렛츠 플레이 테니스) 테니스 치러 가자.

251

테니스
tennis
TENNIS

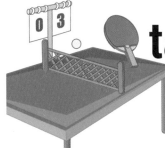

table tennis

(테이블 테니스) 탁구

table tennis   table tennis

table tennis

Shc hates to play **table tennis**.
(쉬 헤잇츠 투 플레이 테이블 테니스) 그녀는 탁구치는 것을 싫어한다.

252

탁구
tabletennis
**TABLE-
TENNIS**

공
ball
BALL

ball

(버얼) 공

ball ball ball ball ball ball

ball

The boy is throwing a **ball**.

(더보이 이즈 쓰로윙 어 버얼?) 소년이 공을 던지고 있다.

달리기
run
RUN

run

(런) 달리기

run run run run run run

run

I Iorses **run** fast.

(홀씨즈 런 패스트) 말은 빨리 달려요.

sledge
(슬레쥐) 썰매

sledge sledge sledge sledge

sledge

We went **sledging** in the snow.
(위 웬 슬레징 인 더 스노우) 우리는 눈썰매를 타러 갔다.

football
(풋버얼) 미식축구

football football football

football

There were big **football** matches.
(데어 워 빅 풋버얼 매취스) 큰 미식축구 경기가 벌어졌다.

255

썰매
sledge
SLEDGE

256

미식축구
football
FOOTBALL

올림픽
Olympic
OLYMPIC

Olympic

(얼림픽) 올림픽

Olympics   Olympics

Olympics

They won gold medals at the **Olympic**.

(데이 원 고울드 메들스 앳 디 얼림픽) 그들은 올림픽에서 금메달을 땄다.

메달
medal
MEDAL

medal

(메들) 메달

medal medal medal medal

medal

He won a gold **medal** at the Olympics.

(히 워너 고울드 메들 앳 디 오울림픽스) 그는 올림픽에서 금메달을 땄다.

whistle

(휘슬) 호루라기

whistle　whistle　whistle

whistle

The girl is blowing a **whistle**.
(더 걸 리즈 블로윙 어 위슬) 소녀가 호루라기를 불고 있다.

umpire

(엄파이어) 심판

umpire　umpire　umpire

umpire

The **umpire** called him out.
(더 엄파이어 콜드 힘 아웃) 심판은 그에게 아웃을 선언했다.

259

호루라기
whistle
WHISTLE

260

심판
umpire
UMPIRE

house [하우스] 집

vocabulary 카드로 보는 대표 단어

door

(도어) 문

window

(윈도우) 창문

table

(테이블) 탁자

bed

(베드) 침대

Let's open the window.
[렛츠 오픈 더 윈도우]
창문을 열자.

Open the window, please.
[오픈 더 윈도우 플리즈]
창문을 열어 주세요.

Look at the camera, please.
[룩 앳 더 캐머러, 플리즈]
카메라를 보세요.

clock	**cup**	**mirror**	**toilet**
(클락) 시계	(컵) 컵	(미뤄-ㄹ) 거울	(토일릿) 화장실

261

가족
family
FAMILY

family

(패밀리) 가족

family family family family

family

I have a large family.
(아이 해 버 라아쥐 패밀리) 우리 식구는 많아요.

262

문
door
DOOR

door

(도어) 문

door door door door door

door

Open the door, please.
(오픈 더 도어-르, 플리스) 문을 열어 주세요.

window

(윈도우) 창문

window window window

window

Let's open the **window**.

(렛츠 오픈 더 윈도우) 창문을 열자.

263

창문
window
WINDOW

curtain

(커르튼) 커튼

curtain   curtain   curtain

curtain

The **curtain** flutters in the breeze.

(더 커튼 플루터스 인 더 브리지) 커튼이 바람에 나부끼고 있다.

264

커튼
curtain
CURTAIN

265

탁자
table
TABLE

table

(테이블) 탁자

table table table table table

table

Could you clear the **table**?

(쿠 쥬 클리어 더 테이블) 식탁 좀 치워줄래?

266

소파
sofa
SOFA

sofa

(쏘우퍼) 소파

sofa sofa sofa sofa sofa

sofa

The cat is on the **sofa**.

(더 캣 이즈 온 더 쏘우퍼) 고양이가 소파 위에 있다.

bed

(베드) 침대

bed bed bed bed bed bed

bed

The girl is making the bed.

(더 걸 리즈 메이킹 더 베드) 소녀가 침대를 정돈하고 있다.

vase

(베이스) 꽃병

vase vase vase vase vase

vase

The man is holding a vase.

(더 맨 이즈 홀딩 어 베이스) 남자가 꽃병을 들고 있다.

267

침대
bed
BED

268

꽃병
vase
VASE

텔레비전
television
TELEVISION

television

(텔러비젼) 텔레비전

television television television

television

It's time to turn off the television.

(잇츠 타임 주 턴 어프 더 텔러비젼) 텔레비전을 끌 시간이다.

컴퓨터
computer
**COMPU-
TER**

computer

(컴퓨러) 컴퓨터

computer computer computer

computer

They arc chatting on the computer.

(데이 아 채팅 온더 컴퓨러) 그들은 컴퓨터로 대화 중이다.

radio
(뢰이디오우) 라디오

radio radio radio radio

radio

Turn on the **radio**, please.
(턴 온 더 뢰이디오우, 플리-즈) 라디오를 틀어 주세요.

telephone
(텔러포운) 전화기

telephone   telephone

telephone

Take the **telephone**.
(테익 더 텔러포운) 전화를 받아라.

271

라디오
radio
RADIO

272

전화기
telephone
TELE-PHONE

273

카메라, 사진기
camera
CAMERA

camera

(캐머러) 카메라, 사진기

camera   camera   camera

camera

Look at the **camera**, please.
(룩 앳 더 캐머러, 플리즈) 카메라를 봐 주세요.

274

시계
clock
CLOCK

clock

(클락) 시계

clock clock clock clock clock

clock

The **clock** has stopped.
(더 클락 해즈 스탑트) 시계가 멈췄다.

frame
(프뢰임) 액자

frame frame frame frame

frame

He puts a picture in a **frame**.
(히 풋써 픽춰 인 어 프뢰임) 그는 그림을 액자에 넣는다.

275

액자
frame
FRAME

doll
(달) 인형

doll doll doll doll doll doll

doll

The **doll** is dancing.
(더 달 리즈 댄싱) 인형은 춤을 추고 있어요.

276

인형
doll
DOLL

부역
kitchen
KITCHEN

kitchen

(키쳰) 부엌

kitchen   kitchen   kitchen

kitchen

There are dishes in the **kitchen**.

(데어라 디쉬즈 인 더 키쳰) 부엌에 접시들이 있다.

냉장고
refrigerator
REFRIGER-
ATOR

refrigerator

(뤼프리져레이러) 냉장고

refrigerator   refrigerator

refrigerator

There's milk in the **refrigerator**.

(데어스 밀크 인더 뤼프리져레이러) 냉장고에 우유가 있다.

dish
(디쉬) 접시

dish dish dish dish dish

dish

Pup the food on the **Dish**.
(풋 더 푸드 온 더 디쉬) 음식을 접시에 담아라.

cup
(컵) 컵

cup cup cup cup cup cup

cup

There arc **cup**s on the table.
(데어 라 컵스 온 더 테이블) 탁자 위에 컵이 여러 개 있다.

279

접시
dish
DISH

280

컵
cup
CUP

주전자
kettle
KETTLE

kettle

(케틀) 주전자

kettle kettle kettle kettle

kettle

The kettle will soon be boiling.
(더 케틀 윌 순 비 보일링) 주전자가 곧 끓을 것이다.

칼
knife
KNIFE

knife

(나이프) 칼

knife knife knife knife knife

knife

The knife is very sharp.
(더 나이프 이즈 베이 샤르프) 그 칼은 매우 날카롭다.

photo
(포우토우) 사진

photo photo photo photo

photo

This photo has come out well
(디스 포토 해즈 컴 아웃 웰) 이 사진은 잘 나왔다.

mirror
(미뤄-ㄹ) 거울

mirror mirror mirror mirror

mirror

Look in the mirror.
(룩 킨 더 미뤄-ㄹ) 거울을 봐라.

283

사진
photo
PHOTO

284

거울
mirror
MIRROR

책상
desk
DESK

desk

(데스크) 책상

desk desk desk desk desk

desk

The desk is full of books.
(더 데스크 이즈 풀 러브 북스) 그 책상은 책으로 가득하다.

의자
chair
CHAIR

chair

(체어리) 의자

chair chair chair chair chair

chair

He sits on a low chair.
(히 씻쓰 온 어 로우 체어리) 그는 낮은 의자에 앉습니다.

book
(북) 책

book book book book book

book

He likes to read a **book**.
(히 라익스 투 뤼더 북) 그는 책읽기를 좋아한다.

notebook
(노우트북) 공책

notebook notebook notebook

notebook

Where did you buy this **notebook**?
(웨어 디쥬 바이 디스 노우트북?) 이 공책 어디서 샀어요?

287

책
book
BOOK

288

공책
notebook
NOTEBOOK

289

연필
pencil
PENCIL

pencil

(펜슬) 연필

pencil pencil pencil pencil

pencil

I picked up the **pencil**.
(아이 픽 텁 더 펜슬) 나는 연필을 주웠다.

290

지우개
eraser
ERASER

eraser

(이뤠이서-ㄹ) 지우개

eraser eraser eraser eraser

eraser

How many **eraser**s do you have?
(하우 매니 이뤠이서-ㄹ스 두 유 해브) 지우개가 몇 개 있니?

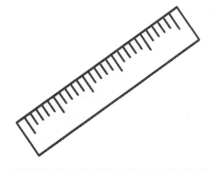

ruler
(룰러) 자

ruler ruler ruler ruler ruler

ruler

I have two **ruler**s.
(아이 해브 투 룰러스) 나는 자를 두 개 가지고 있다.

scissors
(씨저르즈) 가위

scissors scissors scissors

scissors

Can I usc your **scissors**?
(캔 아이 유즈 유어 씨저르즈?) 가위 좀 써도 될까요?

293

목욕
bath
BATH

bath

(배스) 목욕

bath bath bath bath bath

bath

It's time to take a bath.

(잇츠 타임 투 테익 커 배스) 목욕할 시간이다.

294

화장실
toilet
TOILET

toilet

(토일릿) 화장실

toilet toilet toilet toilet toilet

toilet

Where can I find the toilet?

(웨어 캔 아이 파인 더 토일릿?) 화장실이 어디 있나요?

toothbrush

(투스브러쉬) 칫솔

toothbrush   toothbrush

toothbrush

I want to buy a **toothbrush**.

(아이 원 투 바이 어 투스브러쉬) 나는 칫솔을 사고 싶다.

toothpaste

(투스페이스트) 치약

toothpaste   toothpaste

toothpaste

Where can I buy **toothpaste**?

(웨어 캔 아이 바이 투스페이스트?) 치약은 어디서 사니?

295

칫솔
toothbrush
TOOTH-
BRUSH

296

치약
toothpaste
TOOTH-
PASTE

object [아브줵트] 물건

vocabulary 카드로 보는 대표 단어

piano

(피애노우) 피아노

violin

(바이얼린) 바이올린

umbrella

(엄브렐러) 우산

glasses

(글래시스) 안경

I can play the guitar.
[아이 캔 플레이더 기타-르]
나는 기타를 연주할 수 있다.

Take your umbrella.
[테익 큐어 엄브렐러]
우산을 가지고 가라.

He is wearing gloves .
[히 이즈 웨어링 글러브스]
그는 장갑을 끼고 있다.

bag
(백) 가방

shoes
(슈즈) 신발

socks
(삭스) 양말

toy
(토이) 장난감

피아노
piano
PIANO

piano
(피애노우) 피아노

piano piano piano piano

piano

I can't play the piano.
(아이 캔트 플레이 더 피애노우) 나는 피아노 연주를 못한다.

바이올린
violin
VIOLIN

violin
(바이얼린) 바이올린

violin violin violin violin

violin

I love listening to the **violin.**
(아이 러브 리스닝 투 더 바이얼린) 난 바이올린이 듣기 좋다.

guitar
(기타-ㄹ) 기타

guitar guitar guitar guitar

guitar

I can play the **guitar**.
(아 캔 플레이 더 기타-ㄹ) 나는 기타를 연주할 수 있다.

drum
(드럼) 북(작은)

drum drum drum drum

drum

The boy is playing the **drum**.
(더 보이 이즈 플레잉 더 드럼) 소년이 북을 치고 있다.

299

기타
guitar
GUITAR

300

북(작은)
drum
DRUM

301

우산
umbrella
UMBRELLA

umbrella

(엄브렐러) 우산

umbrella umbrella umbrella

umbrella

Take your **umbrella**.

(테익 큐어 엄브렐러) 우산을 가져가라.

302

안경
glasses
GLASSES

glasses

(글래시스) 안경

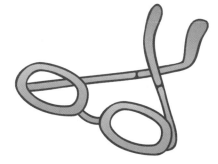

glasses   glasses   glasses

glasses

Try on the **glasses**.

(트라이 온 더 글래시스) 안경을 써 보아라.

necklace

(넥클리스) 목걸이

necklace necklace necklace

necklace

Your necklace is just like mine.

(유어 넥클리스 이즈 저스 라익 마인) 네 목걸이는 내 것과 똑같다.

303

목걸이
necklace
NECKLACE

ring

(링) 반지

ring ring ring ring ring

ring

I want to have a gold ring.

(아이 원 투 해버 골드 링) 나는 금 반지를 갖고 싶다.

304

반지
ring
RING

305

가방
bag
BAG

bag

(백) 가방

bag　bag　bag　bag　bag

bag

Your bag looks **heavy**.

(유어 백 룩스 헤비) 가방이 무거워 보여요.

306

신발
shoes
SHOES

shoes

(슈-즈) 신발

shoes　shoes　shoes　shoes

shoes

I like these **shoes**.

(아이 라익 디즈 슈즈) 난 이 신발이 마음에 든다.

socks

(삭스) 양말

socks   socks   socks   socks

socks

He didn't wear **socks**.
(히 디든 웨어 삭스) 그는 양말을 신지 않았다.

gloves

(글러브스) 장갑

gloves   gloves   gloves

gloves

The boy is wearing **gloves**.
(더 보이 이즈 웨어링 글러브스) 소년은 장갑을 끼고 있다.

307

양말
socks
SOCKS

308

장갑
glove
GLOVE

309

풍선
balloon
BALLOON

balloon
(벌룬) 풍선

balloon balloon balloon

balloon

The girl is holding a balloon.
(더 걸 리즈 호울딩 어 벌룬) 소녀가 풍선을 들고 있다.

310

그림
picture
PICTURE

picture
(픽춰) 그림

picture picture picture

picture

The girl is drawing a picture.
(더걸 리즈 드로윙 어 픽춰) 소녀가 그림을 그리고 있다.

toy
(토이) 장난감

toy toy toy toy toy toy toy

toy

I like **toy**s.
(아이 라익 토이스) 나는 장난감을 좋아한다.

brush
(브러쉬) 붓

brush brush brush brush

brush

The girl is making a **brush**.
(더 걸 리스 메이킹 어 브러쉬) 소녀가 붓을 만들고 있다.

311

장난감
toy
TOY

312

붓
brush
BRUSH

가면
mask
MASK

mask

(마스크) 가면

mask mask mask mask

mask

Who is wearing a **mask**?

(후 이즈 웨어링어 매스크?) 누가 마스크를 착용하고 있나요?

동전
coin
COIN

coin

(코인) 동전

coin coin coin coin coin

coin

My hobby is to collect **coin**s.

(마이 하비이즈 투 컬렉트 코인스) 내 취미는 동전 모으기다.

purse
(퍼르쓰) 지갑

purse　purse　purse　purse

purse

She had her **purse** stolen.
(쉬 해드 허 퍼르스 스톨른) 그녀는 지갑을 도둑 맞았다.

key
(키-) 열쇠

key key key key key key

key

Turn thc **key** in the lock.
(턴 더 키- 인 더 락) 자물쇠에 열쇠를 넣고 돌려라.

315

지갑
purse
PURSE

316

열쇠
key
KEY

color [컬러리] 색깔

vocabulary

카드로 보는 대표 단어

red
(뢰드) 빨강

orange
(오륀지) 주황

yellow
(옐로우) 노랑

green
(그륀) 초록

What's your favorite color?

[왓스 유어 페이버릿 컬러르?]

당신이 좋아하는 색깔은 무엇입니까?

My favorite color is red.

[마이 페어버릿 컬러르 이즈 뢰드]

내가 좋아하는 색깔은 빨간색입니다.

I like blue color.

[아이 라익 블루 컬러르]

나는 파란색을 좋아합니다.

blue

(블루) 파랑

indigo

(인디고우) 남색

purple

(퍼-플) 보라

white

(와이트) 하양

빨강
red
RED

red

(뢰드) 빨강

red red red red red red

red

That apple is red.

(댓 애플 리즈 뢰드) 저 사과는 빨간색이다.

주황
orange
ORANGE

orange

(오뤼지) 주황

orange orange orange

orange

I like **orange** better.

(아이 라익 어뤼지 베러) 나는 주황색을 더 좋아한다.

yellow

(옐로우) 노랑

yellow yellow yellow

yellow

The chick is yellow.
(더 취키즈 옐로우) 병아리는 노랑다.

green

(그뤼인) 초록

green green green green

green

What make leaves **green**?
(왓 메익 리브스 그뤼인) 잎은 왜 초록색일까요?

319

노랑
yellow
YELLOW

320

초록
green
GREEN

321

파랑
blue
BLUE

blue

(블루-) 파랑

blue blue blue blue blue

blue

He always wears blue jeans.
(히 얼웨이스 웨어스 블루- 진스) 그는 늘 청바지를 입는다.

322

남색
indigo
INDIGO

indigo

(인디고우) 남색

indigo   indigo   indigo

indigo

Joe painted the desk indigo.
(조 페인티드 더 데스크 인디고우) 조는 책상을 남색으로 칠했다.

violet
(바이얼릿) 보라

violet violet violet violet

violet

There are violet flowers.
(데어 라 바이얼릿 플라워르스) 그곳에 보라색 꽃들이 있다.

323

보라
violet
VIOLET

white
(와이트) 하양

white white white white

white

His hair is white.
(히즈 헤어리즈 와이트) 그의 머리는 하얗다.

324

하양
white
WHITE

검정
black
BLACK

black

(블랙) 검정

black　black　black　black

black

The princess has black hair.
(더 프린시스 해즈 블랙 헤어리) 공주의 머리는 검은 색이다.

회색
gray
GRAY

gray

(그레이) 회색

gray　gray　gray　gray　gray

gray

The rat's color is **gray**.
(더 랫츠 컬러르 이즈 그레이) 쥐 색깔이 회색이다.

pink
(핑크) 분홍

pink pink pink pink pink

pink

I bought a pink nightgown.
(아이 보우터 핑크 나잇가운) 나는 분홍색 잠옷을 샀다.

dye
(다이) 물감

dye dye dye dye dye dye

dye

She **dye**d her clothes black.
(쉬 다이드 허 클로우즈 블랙) 그녀는 그녀의 옷에 검정 물감을 들였다.

327

분홍
pink
PINK

328

물감
dye
DYE

motion [모우션] 움직임

vocabulary 카드로 보는 대표 단어

smile

(스마일) 웃다

cry

(크라이) 울다

happy

(해피) 행복

sad

(새드) 슬프다

Don't worry. Be happy.

[돈 워리. 비 해피]

걱정말아요. 행복해야죠.

I love you, so much.

[아이 럽 유, 쏘 머취]

나는 당신을 많이 사랑합니다.

I'm happy to meet you.

[아임 해피 투 밋츄]

당신을 만나서 반갑습니다.

go

(고우) 가다

come

(컴) 오다

open

(오픈) 열다

close

(클로우즈) 닫다

웃다
smile
SMILE

smile
(스마일) 웃다

smile smile smile smile

smile

I love it when she smile.
(아이 러빗 웬 쉬 스마일) 그녀가 웃을 때가 좋다.

울다
cry
CRY

cry
(크라이) 울다

cry cry cry cry cry cry

cry

I feel like **crying**.
(아이 필 라익 크라잉) 나는 울고 싶다.

happy
(해피) 행복한

happy　happy　happy

happy

I'm **happy** to meet you.
(아임 해피 투 밋 츄) 널 만나서 반가워.

331

행복한
happy
HAPPY

sad
(새드) 슬픈

sad　sad　sad　sad　sad

sad

I watched a **sad** movie.
(아이 워취더 새드 무비) 나는 슬픈 영화를 보았다.

332

슬픈
sad
SAD

좋아하다
like
LIKE

like

(라이크) 좋아하다

like like like like like

like

Do you like apples?
(두 유 라익 애플스?) 당신은 사과를 좋아합니까?

미워하다
hate
HATE

hate

(헤이트) 미워하다, 싫어하다

hate hate hate hate hate

hate

Why do you hate him?
(와이 두 유 헤잇팀) 왜 그를 싫어하나요?

good

(굿) 좋은

good good good good

good

Good morning.
(굿 모닝) 좋은 아침입니다.

335

좋은
good
GOOD

angry

(앵그뤼) 화난

angry angry angry angry

angry

Don't be **angry**.
(돈- 비 앵그뤼) 화내지 마라.

336

화난
angry
ANGRY

가다
go
GO

go
(고우) 가다

go go go go go go go

Can I go **out** now?
(캔 아이 고우 아웃 나우?) 지금 밖에 나가도 돼요?

컴
come
COME

come
(컴) 오다

come come come come

come

Come and play with us.
(컴 앤 플레이 위더-스) 이리 와서 함께 놀자.

open
(오우픈) 열린

open open open open

open

Open the door, please.
(오픈 더 도-어 플리-스) 문을 열어 주세요.

close
(클로우즈) 닫다

close close close close

close

Close the window, please.
(클로우즈 더 윈도우 플리-스) 창문을 닫아 주세요.

339

열린
open
OPEN

340

닫다
close
CLOSE

341

밀다
push
PUSH

push

(푸쉬) 밀다

push push push push

push

He pushes the sled.

(히 푸쉬스 더 슬레드) 그는 썰매를 민다.

342

당기다
pull
PULL

pull

(풀) 당기다

pull pull pull pull pull

pull

They are pulling that.

(데이아 풀링 댓) 그들은 저것을 당기고 있다.

give
(기브) 주다

give give give give give

give

Would you **give** me the box, please?
(우쥬 깁미더 박스 플리-스?) 그 상자를 제게 주시겠어요?

take
(테이크) 잡다, 받다

take take take take take

take

It's time to **take** a bath.
(잇츠 타임 투 테익커 배쓰) 목욕할 시간이다.

343

주다
give
GIVE

344

잡다, 받다
take
TAKE

country [컨트리] 국가

vocabulary 카드로 보는 대표 단어

Korea
(커리어) 대한민국

America
(어메리커) 미국

England
(잉글런드) 영국

Japan
(저팬) 일본

Where are you from?

[웨어라 유 프럼?]

당신은 어디서 오셨습니까?

I'm from Japan.

[아임 프럼 저팬]

나는 일본에서 왔습니다.

They're from France.

[데이아 프럼 프랜스]

그들은 프랑스에서 왔습니다.

China

(촤이너) 중국

Russia

(러셔) 러시아

Canada

(캐너더) 캐나다

France

(프랜스) 프랑스

today [터데이] 오늘

Monday

(먼데이) 월요일

Tuesday

(튜즈데이) 화요일

Wednesday

(웬즈데이) 수요일

Thursday

(써즈데이) 목요일

What day(of the week) is today?
[왓 데이 이즈 터데이?]
오늘은 무슨 요일입니까?

Is today Monday?
[이즈 터데이 먼데이?]
오늘은 월요일입니까?

It is Saturday.
[잇 이즈 세러데이]
토요일입니다.

Friday
(프라이데이) 금요일

Saturday
(세러데이) 토요일

Sunday
(썬데이) 일요일

holiday
(할리데이) 휴일

number [넘버] 숫자

vocabulary   카드로 보는 대표 단어

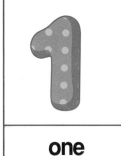

one

(원) 1

two

(투-) 2

three

(쓰리-) 3

four

(포어) 4

How old are you?
[하우 올드 아 유?]

당신은 몇 살입니까?

I'm nine years old.
[아임 나인 이어즈 올드]

나는 9살입니다.

five

(파이브) 5

six

(식스) 6

seven

(세븐) 7

eight

(에잇) 8

nine

(나인) 9

ten

(텐) 10

eleven

(일레븐) 11

twelve

(트웰브) 12

year [이어리] 해, 일 년

vocabulary 카드로 보는 대표 단어

January
(재뉴어리) 1월

February
(페브루어리) 2월

March
(마르취) 3월

April
(에이프럴) 4월

Is today December 25?

[이즈 터데이 디셈버 퉤니파이브?]

오늘이 12월 25일입니까?

Yes, It is. It's Christmas.

[예스 이리즈. 잇츠 크뤼스머스]

네, 크리스마스입니다.

May

(메이) 5월

June

(쥐운) 6월

July

(쥴라이) 7월

August

(오거스트) 8월

September

(셉템버) 9월

Otober

(악토버) 10월

November

(노우벰버) 11월

December

(디셈버) 12월

INDEX 색인